JA, ABER NEIN DOCH

Petrus Ceelen

Ja, aber Nein doch

Das Leben in Kurzfassung

Dignity Press
WORLD DIGNITY UNIVERSITY PRESS

Veröffentlicht durch
  Dignity Press
  16 Northview Court
  Lake Oswego, OR 97035, USA

Zeichnungen und Umschlagillustration: Karl Bechloch

Mehr zum Buch: www.dignitypress.org/ja-aber

Gedruckt auf Papier aus nachhaltiger Forstwirtschaft,
siehe www.lightningsource.com/chainofcustody

ISBN 978-1-937570-07-1

Für
unsere Enkel
Clemens, Julia, Simon

Schreibt eure eigene Geschichte
und auch ein paar Gedichte
glatt gegen den Strich.

Macht niemals einen Punkt,
doch streicht nicht
den Gedankenstrich.

Komma, Ja oder Nein?
Ja, aber Nein doch.
Nein aber Ja, doch.

Schreibend lest ihr
das Buch eures Lebens.
Es hat viele gute Seiten.

Und das Beste kommt noch.

INHALT

DER SPRINGENDE PUNKT

Der springende Punkt
in unserem Leben:
dem Eisprung entsprungen.

Aus einer winzigen Zelle
sind wir herangewachsen
mit allem drum und dran.

Händchen, Füßchen
und das schlagende Herz –
der springende Punkt.

Ein Gummibärchen
im Bauch unserer Mutter.
Und doch so viel mehr.

Ein Kind,
das lieben und leiden,
denken und fühlen kann.

Ein wahrer Mensch,
der mit dem Herzen
zu verstehen vermag.

Der springende Punkt.

Mit dem Herzen verstehen,
Verständnis haben für das,
was der Verstand nicht versteht.

EIN KIND

Ein Menschenkind
von einer Frau geboren,
die einmal ein Baby war.

Ein Kind unserer Zeit,
hundert Jahre vor sich,
das Handy in der Hand.

Ein Kind dieser Welt,
wie Milliarden andere,
und doch wieder anders.

Ein Kind von Sonne,
Mond und Sternen,
vom Himmel geschenkt.

Ein Engelchen,
das uns hilft,
Mensch zu werden.

*Jedes neugeborene Kind trägt die Botschaft in sich, dass Gott
sein Vertrauen in die Menschheit noch nicht verloren hat.*

Rabindranath Tagore

MACHTLOSER MACHER

Auch der Mann geht schwanger,
bringt aber nichts zuwege,
das Hand und Fuß hat.

Bei der Geburt steht
der Macher hilflos daneben,
kann nichts machen.

Während seine Frau
schreiend in den Wehen liegt,
fällt er schier in Ohnmacht.

Doch nach der Entbindung
zeigt Dad stolz sein Kleines,
als hätte er es zur Welt gebracht.

Warum sehe ich denn jeden Mann
mit den Händen auf den Hüften
wie eine Gebärende?

Jeremia 30,6

UNSERE LEHRMEISTER

Kinder machen große Augen,
wundern sich nicht wenig,
staunen mit offenem Mund.

Kinder stellen viele Fragen.
Sie wollen wissen,
warum alles so ist wie es ist.

Kinder singen, hüpfen,
tanzen vor Freude,
lehren uns im Jetzt zu leben.

Von Kindern können wir
vieles lernen,
mehr als von unseren Lehrern.

*Mama, wie finde ich den Weg
zu meinem Herzen?*

Sophie, 5 Jahre

KURZSICHTIG

In den Augen der Kinder
sind ihre Eltern die größten.
In den Augen der Eltern
sind ihre Kinder die besten.

Nach und nach entdecken sie
die gegenseitigen Schwächen
und werden langsam geheilt
von ihrer Sehschwäche.

Mit der Zeit sehen sie
die Fehler durch die Finger,
drücken ein Auge zu,
zuweilen auch zwei.

*Wer seine eigenen Fehler sieht, hat keine Zeit,
an die der anderen zu denken.*

Bosnisches Sprichwort

NICHT ZU BENEIDEN

Das Kinderzimmer
um einiges kleiner
als die Garage.

Der Spielplatz
nur mini im Vergleich
zum Parkplatz.

Der Kindergarten
halb so groß
wie das Autohaus.

Nicht umsonst
beneiden viele Kinder
unser liebstes Kind.

Und der Obdachlose,
der nachts neben der Tiefgarage
auf der Straße liegt, sagt:
Ein Auto müsste man sein.

HAPPY BIRTHDAY TO YOU

Wärst du am Weltlachtag geboren,
hättest du nicht laut geschrien,
sondern dich gleich totgelacht.

Hättest du am 29. Februar Geburtstag,
wärst du gerade erst 19 geworden,
müsstest aber auch mit der Oma ins Bett.

Wärst du am 1. April zur Welt gekommen,
hättest du das für einen Scherz gehalten
und wärst gleich wieder zurückgegangen.

Kämst du am St. Nimmerleinstag,
würde die Welt weiter auf dich warten
und das wäre doch gelacht.

Wie schön, dass du geboren bist!
Wir hätten dich sonst sehr vermisst.

DU, JA DU

Vor dir
ging noch keiner
über die Erde wie du.

Nach dir
kommt nicht einer
nach wie du.

Du bist der allererste
und der letzte,
der zu dir ich sagt.

Einzigartig bist du.
Nicht immer artig,
doch immer einzig.

Könnte man dich klonen,
wärst du nicht mehr du,
das Original.

Keiner denkt wie du.
Keiner fühlt wie du.
Keiner lacht wie du.
Keiner liebt mich
wie du.

NEIN, DU NICHT

Nein, du bist nicht zu dick,
dein Kleid ist zu eng.

Nein, du bist nicht zu stur,
dein Wille ist zu stark.

Nein, du bist nicht zu schnell,
die anderen sind zu langsam.

Nein, du bist nicht zu alt,
wohl eher zu weise.

Nein, du bist nicht zu gütig,
dein Herz ist zu groß.

Wer sich selbst positiv wahrnimmt,
gewinnt an Selbstbewusstsein.
So sagt die übergewichtige Frau,
die aus allen Nähten platzt:
Schönheit braucht Platz.

ERBGUT BETRUG

Im Spiegel tut Aua
von hinten genauso weh
wie Aua von vorne.

Anna bleibt Anna,
doch aus Anagramm
wird Mama rang.

Betrug Erbgut.
Lästerschwein Schwesterlein.
Bundestag Angstbude.

Martin Luther Lehrt in Armut.
Albert Einstein Etablierte Sinn.
Elvis Lives.

Tot = Tot.
Nur ist Otto
immer noch Otto.

Rentner bleiben Rentner,
machen aus Brei Bier
und haben ihren Spaß mit
Venus in Beton: Subventionen.

EIN GUTES NÄSCHEN

Meine Nase steht genau
mitten in meinem Gesicht,
damit ich mich gut riechen kann.

Manchmal habe ich die Nase
gestrichen voll von mir,
kann mich nicht mehr riechen.

Mein Hintern zu dick.
Meine Schenkel zu dünn.
Mein Busen zu klein.

Und meine Nase
passt mir natürlich
auch nicht.

Ich bin oft schlecht gelaunt,
leicht verletzbar,
kann mich selbst nicht leiden.

Zu meinem großen Glück
gibt es einen Menschen,
der mich liebt wie ich bin.

Liebe geht durch die Nase.
Körpergeruch spielt bei der Wahl des Partners
eine entscheidende Rolle.
Zwei können sich gut riechen,
finden Geschmack aneinander.

NUR DAS BESTE

Gesund soll das Kind sein
und brav und pflegeleicht
und intelligent und sportlich
und besser als die anderen.

Und oft soll das Kind
auch noch das werden,
was die Eltern selbst
nicht geworden sind.

Kinder haben es heutzutage
schwer mit ihren Eltern,
die es doch nur gut meinen
und nur ihr Bestes wollen.

*In der Wahl seiner Eltern
kann man nicht vorsichtig genug sein.*

Paul Watzlawick

VER-STECKT

In jedem Dackel
steckt ein Schäferhund –
auch wenn's ein Pupsi ist.

In jedem Dämchen, Herrchen
steckt ein Hund –
auch wenn's ein Dackel ist.

In jedem Menschen
steckt ein Engel –
auch wenn's ein Bengel ist.

In jedem Wesen
steckt ein Stückchen Gott –
auch wenn's ein Teufel ist.

Gott schläft im Stein, atmet in der Pflanze,
träumt im Tier und erwacht im Menschen.

Indische Weisheit

DES PUDELS KERN

Enttäuscht, einsam, verlassen.
Viele Frauen und Männer
sind vom Menschen
auf den Hund gekommen.

Beim Gassi gehen
beschnüffeln sich Hunde.
Halter beschnuppern sich,
finden Gefallen aneinander.

Herrchen und Dämchen
bändeln miteinander an,
sind vom Hund
auf den Menschen gekommen.

Hund und Mensch
sind ein unzertrennliches Paar.
Dass Mensch und Hund
nicht zusammen ins Grab dürfen,
ist hundsgemein.

DUMME KUH, DOOFE GANS

Menschen beschimpfen sich,
schimpfen schamlos auf Tiere.
Was können die denn dafür,
dass wir so dumm sind,
sie doof zu finden?!

Wir hätten keinen Käse,
keine Butter auf dem Brot,
ohne die dumme Kuh,
die das grüne Gras
in weiße Milch verwandelt.

Und kein Weihnachten,
kein Fest der Liebe
ohne die doofe Gans,
die heißgeliebt
dran glauben muss.

Michaelsgans,
Martinsgans,
Weihnachtsgans,
Silvestergans,
ganz viel Gans.

Gänse schnattern,
Menschen schwätzen
ganz gern.

Die Mutter Sprache

Dame – dämlich.
Herr – herrlich.
Herrlich dämlich
die Männersprache,
die Muttersprache,
wie man(n) sagt.

Das Fräulein
sucht vergeblich
das Männlein.
Das Mädchen
findet kein
Jüngchen.

Die Jungfrau
möchte einen Mann,
der jungfräulich ist,
aber da kann sie
noch lange suchen,
wie man(n) wohl weiß.

Mitglied
noch so ein Männerwort,
mit Glied.
Was wäre die Gemeinde
ohne die Mitglieder,
die ohne sind!?

Weib sagt man nicht.
Aber an Weiberfastnacht
haben die Frauen das Sagen,
um nicht zu sagen:
die alten Weiber.

AUF GUT DEUTSCH

Ist die nicht nett?
Auf gut Deutsch:
Die ist nett.

Du bist nicht unzufrieden.
Auf gut Deutsch:
Du bist zufrieden.

Es hat sich noch nie weniger gelohnt!
Auf gut Deutsch:
Schwarzfahren kostet 60 Euro.

Mir geht´s nicht schlecht.
Auf gut Deutsch:
Mir geht´s eigentlich gut.

Nichts für ungut,
deutsche Sprache
schwere Sprache.

Wie schwer ist die Deutsche Sprache?
150 Kg, 100 Kg, 70 Kilo, 40 Kilo?
Selbst wenn sie nur 12 Gramm wiegt,
die Grammatik ist sauschwer.

HALLO, GEHT´S NOCH?

Wie geht es Ihnen?
Danke. Und selbst?
Nein, Danke.

Wie geht´s denn sonst?
Beschissen,
aber sonst geht´s.

Wie geht´s?
Wenn ich so liege,
geht´s.

Wie geht's? Wie steht´s?
Es läuft.
Stillstand geht nicht.

Und so geht es
mit uns immer weiter,
bis es weiter nicht mehr geht.

– *Du fragst mich nicht einmal, wie es mir geht.*
– *Ja, wie geht´s dir denn?*
– *Oh, frag mich nicht!*

ICH. ICH. ICH.

Ich fange den Satz
mit Ich an.
Wie oft sage ich
nicht ich!?

Sage ich *man*,
meine ich mich.
Mein *Wir* ist nur
ein weiteres Ich.

Sage ich *du*,
denke ich an mich.
Auch über *andere*
rede ich von mir.

Wovon das Herz voll ist,
läuft der Mund über.
Ich weiß,
wovon ich rede.

*Was Paul über Peter sagt,
verrät uns mehr über Paul
als über Peter.*

Baruch de Spinoza

HABSELIGKEITEN

Du brauchst
nur das zu kaufen,
nur das noch zu haben
und schon bist du selig.

Habseligkeiten.

Haben macht selig.
Wer´s glaubt,
wird selig
kaufen.

Armselig.

Home shoppen. Online shoppen.
Millionen Shopping-Mäuse
in den Konsumtempeln der Metropolen.
Shoppen gehen, kaufwandeln.
Bordshoppen. Airshoppen.
Über den Wolken muss
die Freiheit wohl grenzenlos sein ...

ZUM GLÜCK

Was ist Glück?
Was macht uns glücklich?
Zum Glücklichsein
brauchen wir nicht viel.

Überlegen wir einmal,
wann wir im Leben
am glücklichsten waren
und was wir alles nicht hatten.

Zum Glücklichsein
brauchen wir so wenig,
dass es nicht einmal
ein Wort dafür gibt.

Alles, was der Glückliche wünscht,
ist geboren zu sein.

Waliser Sprichwort

WAS DU NICHT SAGST

Was du nicht sagst,
sagt oft mehr als das,
was du sagst.

Was du verschweigst,
besagt oft mehr als das,
was du sagst.

Was du nicht sagst,
sagt dein Körper.
Er spricht für dich.

Was du verschweigst,
verrät dein Versprecher.
Er spricht für sich.

„Ich freue mich insbesondere, dass wir dies nicht nur
als Sozialdemokratinnen und Sozialdemokraten heute
Abend hier unter uns tun, sondern dass wir dies gemein-
sam mit Freundinnen und Freunden der CSU tun."

Annegret Kramp-Karrenbauer, kurz AKK
genannt, um sich nicht zu versprechen.

AM ÄRGSTEN

Ich ärgere mich
über die trödelnde Tante
vor mir an der Kasse.

Ich ärgere mich
über die lahme Ente
vor mir auf der Autobahn.

Ich ärgere mich
über die lange Schlange
vor dem Schalter.

Am meisten aber
ärgere ich mich
über mich.

*Lass dich nicht aufregen, so dass du dich ärgerst,
denn Ärger steckt in den Ungebildeten.*

Prediger 7,9

*Die Berliner sind nicht so bibelfest:
Mensch, ärjere dir nich.*

ALLES FRISCH

Frisches Obst.
Frischer Spargel.
Frische Froschschenkel.

Frisch von der Leber.
Frisches Blut im Stuhl.
Frisch operiert.

Frisches Kapital.
Frische Blumen.
Ein frisches Grab.

Eine frische Witwe.
Frisch verliebt.
Auf frischer Tat ertappt.

Kaum war seine Frau unter der Erde,
hatte er schon eine andere,
eine zwanzig Jahre jüngere,
frisches Fleisch.

DAS IST DOCH SHIT

Ich würde sagen.
Man möchte meinen.

Hohle Phrasen.
Worthülsen.

Sprechblasen.
Blähungen.

Wortdurchfall.
Schöne Scheiße.

Bullshit.
Bullenscheiße.

Salbadern.
Bockmist reden.

Ohne etwas
zu sagen.

Mitten im leeren Gerede
die Muttersprache
des Himmels lernen:
Schweigen.

Irgendwie sowieso

Irgendwie können wir nicht
mehr miteinander reden,
ohne irgendwas zu sagen.

Irgendwann kommen wir
auf irgendwen zu sprechen
und auf das Wetter sowieso.

Irgendwo liegt nicht
weit weg von nirgendwo,
ganz nahe an irgendwann.

Nichtssagende Worte
irgendwie total bescheuert
so wie sowieso.

*Irgendwie ist auch **praktisch** so ein Wort.*
Bei Männern fällt ja das Füllwort
***praktisch** in jedem zweiten Satz. Es steht*
***praktisch** für alles und nichts,*
*also durchaus **praktisch**.*

WIE SPREU IM WIND

Es wird schon wieder.
Unkraut vergeht nicht.
Es gibt für jedes etwas.

Unheilbar kranke Sprüche

Jeder muss mal gehen.
Das Leben geht weiter.
Zeit heilt alle Wunden.

Trostlose Trostsprüche

Je früher du stirbst,
desto länger lebst du
ewig.

Selig sind die Sprücheklopfer,
denn sie brauchen keinen Hammer mehr.

WUNSCHLOS GLÜCKLICH

Wenn ich alles hätte
und wunschlos glücklich wäre,
würde mir etwas fehlen:
ein offener Wunsch.

Wenn ich vollkommen wäre
und keinen Fehler hätte,
würde mir etwas fehlen:
das Menschsein.

Wenn ich immer gesund bliebe
und niemals sterben müsste,
würde mir etwas fehlen:
die Freude am Leben.

*Es gibt erfülltes Leben,
trotz vieler unerfüllter Wünsche.*

Dietrich Bonhoeffer

Aber ja doch

Ja, aber ... Ja, wenn ...
Und bei wie vielen
ist aus dem Ja
ein Nein geworden.

Heutzutage gilt
das gegebene Ja-Wort
vielfach nur solange,
wie es gut geht.

Viele Paare aber sagen
auch in schweren Zeiten
noch Ja zueinander,
aber Ja doch.

Und es gibt Geschiedene,
die sich entscheiden,
ihre(n) Ex nach Jahren
wieder zu heiraten.

Bis dass der Tod euch scheidet ...
trauen sich viele Paare kaum noch zu versprechen.
Der Spruch ist aber auch deshalb fragwürdig,
weil mit dem Tod des Partners die Liebe ja nicht aufhört
und oft noch inniger ist als zu Lebzeiten.

ZU IST ZU

Drei Haare auf dem Kopf
sind viel zu wenig,
drei Haare in der Suppe
ein wenig zu viel.

Zu lecker gibt´s nicht,
zu gesalzen schon,
wenn der Koch sich
zu sehr verliebt hat.

Zu ist zu,
zu viel des Guten,
zu gut für diese Welt,
ein wenig zu viel.

Der Sensenmann
kommt oft zu früh.
Doch der Sarg
bleibt zu.

Zu ist zu.

Besser zwei Jahre zu früh
als ein Jahr zu spät
sterben.

Aus China

STAUB

Woher der Staub wohl kommt?

Staub wischen.
Staub fegen. Staub saugen.
Wir bieten dem Staub die Stirn
und stauben nebenbei noch ab.

Wir stöbern, wirbeln Staub auf,
Feinstaub ist in aller Munde.
Wir machen eine Menge Dreck,
bis wir uns aus dem Staub machen.

Aus Sternenstaub entstanden,
werden wir wieder zu Staub
nach einer Stunde im Ofen,
nach Jahren in der Erde.

Wohin der Staub wohl geht?

Nach meinem Tod
nimmst du meine Urne mit heim,
aber jede Woche abstauben!

Eine Mutter zu ihrer Tochter

TRÄNEN LACHEN

Haben und sein
liegen nahe beieinander,
gehen ineinander über:
Hast du was, bist du was.

Arm und reich
liegen nahe beieinander,
gehen ineinander über:
Arme Reiche. Reiche Arme.

Lachen und weinen
liegen nahe beieinander,
gehen ineinander über:
Tränen lachen.

Tod und Leben
liegen nahe beieinander,
gehen ineinander über:
der Übergang.

Und drüben liegen
Arme und Reiche sich dann
weinend in den Armen
und lachen Tränen.

KIRCHGÄNGER

Viele gehen in die leere Kirche,
zünden still eine Kerze an,
das ist ihr Gebet.

Viele gehen in die grüne Kirche,
joggen durch den Wald,
beten laufend mit den Füßen.

Viele gehen in die Konzert-Kirche,
werden hörend still
vom Unberührbaren berührt.

Viele gehen in die Kirche,
die keine Kirchgänger sind.

Wer glaubt, der Wanderer sei ein Sünder,
weil selten er zur Kirche geht,
im grünen Wald ein Blick zum Himmel
ist besser als ein falsch Gebet.

DER FUSSBALL GOTT

Die Kirchenbänke leer,
die Gebete verstummt.

Die Fangesänge die Choräle,
das Stadion die Kathedrale.

Der Rasen sakrosankt,
das Tor das Allerheiligste.

Die Spieler die Götzen,
der Trainer der Messias.

Fußball die Religion,
der Trost des Glaubens.

Geh weiter, geh weiter,
mit Hoffnung in deinem Herzen.
Und du wirst niemals alleine gehen.
Du wirst niemals alleine gehen.
You´ll never walk alone.

Psalm 23 für Fußballfans

ABER GLÄUBISCH

Ich falte die Hände,
bitte Gott um Hilfe.

Das bringt doch nichts,
erklärst du mir
und drückst die Daumen.

Ich bedanke mich
bei meinem Schutzengel.

Du schüttelst den Kopf
und klärst mich auf:
Schwein gehabt.

Ja, die Aufgeklärten
halten nichts vom Glauben,
sind selbst aber gläubig.
Abergläubisch.

AUSDRUCKSMITTEL

Stöhnen, seufzen, schnaufen,
sich entleeren, fallen lassen.

Auf dem stillen Örtchen
sind wir alle gleich.

Aber wir drücken uns
nicht gleichermaßen aus.

Der feine Pinkel pisst nicht,
er geht eben mal pipillieren.

Fliegen lässt er einen erst dann,
wenn die Luft rein ist.

Und hockt der Pedant auf dem Klo,
schaut er sieben Mal nach,
ob er richtig sitzt.

Sie macht ihn in dem Werbespot richtig an,
hat ihm das Hemd schon aufgeknöpft,
er kann´s kaum noch erwarten,
dann sagt sie ihm:
Ich geh kurz kacken.

BILD dir deine Meinung.

GEWISS WISSEN

Gläubige
glauben zu wissen,
nicht zweifelsfrei.

Nicht Gläubige
zweifeln auch.
Zweifelsohne.

Und alle sind wir
uns unserer Zweifel
nicht einmal sicher.

Nur eines ist gewiss:
Es gibt keine Gewissheit.
Damit müssen wir leben.

Zweifellos.

Gott,
wenn es dich gibt,
rette meine Seele,
wenn ich eine habe.

Gebet des modernen Menschen

UNSICHTBAR

Ich wusste nicht mehr weiter,
fühlte mich völlig verloren,
da hat der Himmel mir
einen Engel geschickt.

Ich war in größter Gefahr,
doch mir ist nichts geschehen,
als ob eine unsichtbare Hand
mich beschützt hat.

Das war ganz knapp.
Am Tod vorbeigeschrammt.
Gerade noch davon gekommen.
Auf wundersame Weise gerettet.

Man muss nicht gläubig sein,
um an Schutzengel zu glauben.

Die Schutzengel unseres Lebens
fliegen manchmal so hoch,
dass wir sie nicht sehen können,
doch verlieren sie uns nie aus den Augen.

Jean Paul

OH JESSES

Das liebe Jesulein
in der Krippe.
Ein Bild von einem Kind.

Unehelich geboren,
ein beschnittenes Baby.
Das Bild hängt schief.

Ein Vielfraß und Säufer.
Maria Magdalenas Geliebter.
Das Bild fällt aus dem Rahmen.

Aus dem Rahmen fällt das Bild
vom Mann aus Nazareth,
der in kein Bild passt.

Für seine Anhänger war Jesus so groß,
dass er nicht ins Grab passte
und wieder aufgestanden ist.

ADAM UND EMMA

Und sie bewegt sich doch,
die katholische Kirche.
Mädchen dürfen ministrieren.

Die hochwürdigen Herren
haben aber weiterhin das Sagen,
lesen den Laien die Leviten.

Und in Rom regiert die Kurie,
ein purer Männerclub
in purpurroten Damenkleidern.

Den Priesterrock dürfen
Frauen nicht tragen
wegen eines Gendefekts.

Mitten in der Messe platzt
Emma der Kragen und sie steigt
im Evaskostüm auf die Kanzel.

Meine Herren,
als Gott Adam schuf,
übte sie nur.

Eine Päpstin,
eine Schwarze in kurzem Kleid,
eine radikale Reform –
die Reformation.

DAS RECHTE MASS

Der Himmel legt das Maßband
nicht um den Kopf,
sondern um das Herz.

Wir nehmen anders Maß
und messen den Bauch
mit dem Zentimeter.

Messen wir dem Gewicht
nicht zu viel Gewicht bei.
Ohne Waage lebt's sich leichter.

Viel wichtiger
als das Idealgewicht ist
das innere Gleichgewicht.

Die Seele in Balance
mit Körper und Geist,
gut ausgeglichen.

Wampe weg in vier Wochen.
Falten los in zwei Minuten.
Schlank im Schlaf.
Herr, schmeiß Hirn vom Himmel.

SITZEN

Wir treiben Sport
im Sitzen
auf dem Fahrrad.

Wir sitzen
gemütlich auf dem Klositz,
machen unser Geschäft.

Der Bettler
macht seine Sitzung
auf offener Straße.

Ein gutes Gesäß braucht
auch der Gefangene,
der seine Strafe absitzt.

Und das arme Kind,
das sitzen bleiben muss
ein ganzes Schuljahr.

Viel Sitzfleisch
ist die Voraussetzung
zum Vorsitzenden.

Und nach der Sitzung
sitzen sie noch zusammen,
bis sie einen sitzen haben.

*Man kann auf seinem Standpunkt stehen,
aber man sollte nicht darauf sitzen.*

Erich Kästner

STEHEN AUF STEHEN

Ältere Herren
stehen auf junges Fleisch.

Fleischesser
stehen auf Steak.

Starke Stiere
stehen auf Kühen.

Manche Menschen
stehen auf Standbildern.

Viele Verben
stehen auf stehen.

Aufstehen, beistehen,
verstehen, widerstehen ...

*Es kann eine Weile dauern,
bis Jungs und Mädchen gestehen,
dass sie nicht aufeinander stehen.*

JEDEN TAG NEU

Jeden Tag aufstehen,
auf eigenen Beinen stehen.

Jeden Tag im Leben stehen,
das Alte neu bestehen.

Jeden Tag durchstehen,
dem Bösen widerstehen.

Jeden Tag andere ausstehen
und zu sich selbst stehen.

Jeden Tag verstehen:
Der Himmel steht hinter uns.

Jeden Tag aufstehen
zu neuem Leben.

Bäume haben keine Beine,
können nicht weglaufen,
sie bleiben stehen,
zeigen Stärke
bei Wind und Wetter
und weinen nicht.

KON DOM

Kondom,
die Konkathedrale
hat nichts am Hut
mit dem Hütli,
dem Verhüterli.

Kondom,
der kleinste Dom
dieser Welt
warnt ohne Worte:
Sei auf der Hut!

Der Geist ist willig,
das Fleisch ist schwach,
predigt der Pfarrer.
Und der Lümmel weiß,
wovon er redet.

Kondom, Pariser, Gummi,
Präservativ, Verhüterli, Lümmeltüte,
der Glasschuh unserer Generation.

LAHMENDER VERKEHR

Streckenüberlastung.
Stopp and Go.
Verstopfte Straßen.

Im Schlafzimmer
läuft´s auch nicht:
Lahmender Verkehr.

Viele Paare verkehren
nicht mehr miteinander:
Verkehrsberuhigte Zone.

Andere geben Vollgas,
sind nicht zu bremsen,
fahren fullspeed drauf los.

Wohlwissend,
dass sie am nächsten Morgen
wieder im Stau stehen.

Verkehrsexperten und Paartherapeuten
sind sich in einer Beziehung einig:
Nicht zu dicht auffahren,
sonst kracht´s.

ALPTRAUM. TRAUM-TOD

Die Frau nimmt die Pille,
und der Mann kann immer.
Und wenn er nimmer kann,
nimmt er die Pille.

Will er aber mehr als er kann
und stirbt in ihren Armen,
war´s für ihn ein Traum-Tod,
für sie aber ein Alptraum.

Und dann will die Kripo noch
in der Nacht genauestens wissen,
warum, wieso, wie oft, wie lang,
dringt tief in die Geliebte ein.

Wenigstens ist er so gestorben,
wie es immer sein Wunsch war:
Lieber ein Hitzeschlag beim Sex
als halbseitig gelähmt.

Lieber ein Ende mit Schrecken
als ein Schrecken ohne Ende.

AMOUREN

Chérie, je t'aime
klingt ja sehr viel zärtlicher
als ich liebe dich.

Mon trésor
hört sich doch viel romantischer an
als meine Schatztruhe.

Faire l'amour
ist noch mal eine andere Nummer
als miteinander schlafen.

Eine *Affäre*
birgt doch viel mehr Geheimnisse
als ein Seitensprung.

Und ein *Charmeur*
hat doch viel mehr Charme
als ein Schürzenjäger.

*Sogar ein stinknormaler Stinkkäse
gewinnt auf Französisch an Charme:
C'est un fromage, qui a du caractère.*

WENN'S KLICK MACHT

Auf den ersten Blick
sehen manche den Schatz,
der im anderen verborgen ist.

Andere brauchen zwei,
zwölf, zwanzig Blicke,
um es zu blicken.

Kaum zu überblicken
im Internet das Angebot
der Partnerbörse.

Und doch finden sich
immer wieder zwei.
Liebe auf den ersten Klick.

*ER, 47, mit Tränensäcken
sucht verständnisvolle SIE
mit Lachfalten.*

Anzeige aus vordigitaler Zeit

TIERISCH LIEB

Mein Häschen,
ich vernasche dich
mit Haut und Haar.

Und die Bussi Bussi Mausi
hat ihren Schmusekater
zum Fressen gern.

Wie das Leben so spielt,
wurde aus dem Mäuschen
eine dumme Kuh.

Und das geliebte Hasilein
hat auch nichts zu lachen,
ist längst ein blöder Ochs.

So eine wie dich
werde ich nicht mehr finden.
Und auch nicht mehr suchen.

Grabinschrift

FREMDGEHEN

Die Fremde ist
die beste Freundin
seiner Frau.

Der Fremde ist
ein guter Bekannter
der Familie.

Fremdgehen
im Freundeskreis.
Zum Fremdschämen.

Befremdlich
unter Freunden:
Fremdenhass.

Du sollst nicht begehren deines Nächsten Frau.
Freu dich an seinem Glück.

Das 9. Gebot als Angebot

LUST FRUST

In Fernsehen und Film
wollen beide nur das Eine
und haben immer
gleich viel Lust.

Doch im richtigen Leben
ist der Liebesakt recht oft
ein Akt der Nächstenliebe.
Mehr Frust als Lust.

Und wird das Lustspiel
im letzten Akt
zum Trauerspiel,
hilft nur noch Liebe.

*Und im Altersheim
hilft die Sexualassistentin
liebevoll weiter.*

VERKEHRTHERUM

Manche verkehren
verkehrtherum.
Seitenverkehrt.

Alles hat zwei Seiten:
Keine Seite ist richtig,
kein Verkehr verkehrt.

Die vom anderen Ufer
lieben auch nicht anders
als die vom anderen Ufer.

In der BRD gibt es 3 Millionen Schwule und Lesben,
so viele haben auch eine Katze.
Wie viele Menschen kennen Sie mit einer Katze?
Vielleicht haben Sie selbst eine ...

ANDERS

Die Andersaussehenden
sehen innen
auch nicht anders aus
als ich.

Die Andersdenkenden
denken auch,
dass sie richtig denken,
genauso wie ich.

Die Andersgläubigen
glauben auch
an den Ganz-Anderen,
aber anders als ich.

Die anderen
sind alle anders als ich
und andererseits
bin ich ihr anderes Ich.

Sehe ich die anderen
mit ihren Augen,
sehe ich sie und mich
mit anderen Augen.

SICHER NICHT SICHER

Auch mit der sichersten
Sicherheitsanlage ist
unser Haus nicht einbruchssicher.

Auch mit der besten
Rentenversicherung ist
unser Lebensabend nicht sicher.

Auch mit der teuersten
Lebensversicherung ist uns
der Tod sicher.

Auch ohne Sterbeversicherung
kommen wir sicher
unter die Erde.

Todsicher.

*Sicherheit gibt es
mit Sicherheit nicht.*

NÄCHTLICHES KINO

Was uns im Schlaf beschäftigt,
sehen wir in unseren Träumen.
Was wir unter der Decke halten,
kommt im Dunkeln ans Licht.

Beim Aufwachen erinnern wir
uns dunkel an ein paar Bilder
des nächtlichen Kinos im Kopf,
blicken aber nicht durch.

Und ist es nicht schleierhaft,
dass dieser eine Traum
immer wieder wiederkehrt?
Was will er uns denn sagen?

Träume sind meistens
nicht eindeutig zu deuten;
mehrdeutig wie alles,
was bedeutsam ist.

Im Traum spricht das Unbe-
wusste in Mutters Sprache.
Ik droom in het duits – mit
niederländischen Untertiteln.

MICH LAUST DER AFFE

Nach dem Affen
schuf Gott den Menschen,
sein Ebenbild.
Tierernst.

Tja, unser Herrgott hat
einen großen Tiergarten
mit viel Affentheater.
Affengeil.

Nicht nur im Zoo äffen wir
unsere Geschwister nach,
ziehen Grimassen.
Oberaffengeil.

Und kein Lackaffe kann
noch eine Mail schreiben
ohne den Klammeraffen.
Oberaffenturbogeil.

Wenn der Mensch vom Affen abstammt,
bin ich froh, dass ich ein Schwein bin.

Ein homo sapiens

Bloss nicht nackt

Kleider, Klamotten, Kostüme.
Wir brauchen eine Schutzhülle,
zeigen uns nicht unbekleidet.

Wir verhüllen unsere Nacktheit,
verschleiern und vertuschen,
um nicht bloßgestellt zu werden.

Nur keine falsche Scham.
Nackt sind wir uns am nächsten.
Splitternackt.

Nackter als nackt
liegen wir uns in den Armen
mit unseren Wunden und Narben.

Wenn wir es recht überdenken,
so stecken wir doch alle
nackt in unseren Kleidern.

Heinrich Heine

JA NEIN JAIN

Ja heißt Ja.
Aber unser Ja
ist oft ein Ja, aber.
Ja, nein. Jain.

Nein heißt Nein.
Aber unser Nein
ist oft ein halbes Ja
Nein, aber Ja doch.

Wir eiern rum.
Sowohl als auch.
Wischiwaschi.
Ja, aber Nein doch.

So viel ist gewonnen,
wenn nur einer aufsteht
und NEIN sagt.

Bert Brecht

NOCHMALS NIEMALS

Jeder Monat kehrt jedes Jahr wieder.
Januar, Februar ... November, Dezember.

Sonntag, Montag, Dienstag, Mittwoch,
Donnerstag, Freitag, Samstag.

Jeder Tag kehrt jede Woche wieder,
doch der Tag heute kommt niemals zurück.

Nichts können wir im Leben wiederholen.
Das Vergangene ist unwiederholbar vorbei,
holt uns aber immer wieder ein.

Vergangenheit ist es erst dann,
wenn es nicht mehr weh tut.

Mark Twain

LEBENSPUZZLE

Jeder Tag ist ein Stückchen
im Puzzle unseres Lebens.

Immer wieder herausfinden,
wie eins ins andere passt.

Mit der Zeit fügen sich die Teile
zu einem Ganzen zusammen.

Was lange unbrauchbar schien,
findet schließlich seinen Platz.

Im Rückblick zeigt sich erst,
wie gut manches gepasst hat.

Und auch das letzte Stückchen,
es wird sich fügen.

Der Rand des Puzzles
ist der Rahmen unseres Lebens.
Wir können ihn nicht sprengen.

IM SCHNITT

Durchschnittlich lügen wir
nicht mehr als 25 Mal am Tag.

Und wir brauchen nicht minder
als 6,4 Minuten zum Frühstücken.

Im Schnitt trinken wir im Leben
eine Badewanne voller Alkohol.

Sechs Jahre oder 2190 Tage
sitzen wir vor dem Fernseher.

Drei Jahre fahren wir Auto,
sechs Monate stehen wir im Stau.

230 Tage hocken wir auf der Toilette,
verbrauchen 1,4 Kilogramm Klopapier
pro Jahr pro Kopf.

Pro Kopf?

In der Statistik
sind wir nur Statisten,
ein paar Nullen hinter dem Komma.

WETTERBERICHT

Schönes Wetter wurde vorhergesagt.

Wir erwarten einen blauen Himmel
und freuen uns kaum an der Sonne.

Und ist die Wolkendecke dann grau,
sind wir richtig verärgert.

Schlechtes Wetter ist angesagt.

Wir sind schlecht gelaunt,
schieben es auf das Wetter.

Und scheint dann die Sonne,
wettern wir gegen die Wetterfrösche.

Jeder schimpft über das Wetter,
aber keiner tut etwas dagegen.

Mark Twain

GEWUSST WIE

Weltpolitik. Krieg. Krisen.
Regionales. Lokales. Unfälle.
Sport. Mord und Totschlag.

Und das alles jeden Tag neu
so hinzubekommen,
dass die Zeitung genau voll ist.

Keine halbleere Seite.
Keine Zeile zu viel.
Keine Leerzeile.

Das Ganze so zu verpacken,
dass wir morgens als erstes
wieder nach der Zeitung greifen.

Wie schaffen die das nur?

Und jedes Mal ist das Blättchen
wieder voll mit den Affairen
der Stars und Sternchen.
Wie schaffen die das nur?

Beim Zeitungslesen gefällt uns,
was da zwischen den Zeilen steht:
Die Welt ist schlecht,
doch du bist gut.

MENSCHLICHER

Es ist schon merk-würdig.
Wir tun alles Mögliche,
um das Leid zu vermeiden.

Und dennoch möchten wir
die schweren Zeiten
im Leben nicht vermissen.

Wir spüren,
dass wir durch das Erlittene
weiter gekommen sind.

Wir sind mitfühlender,
menschlicher geworden.
Und auch weiser.

Durch Leid zum Licht.
Durch Licht zur Liebe.

Inschrift über dem Eingang
der russisch-orthodoxen Kirche in Wien

KLOFRAU MANAGER

Die Putzfrau gibt´s nicht mehr,
dafür die Reinigungsdame.

Frisöse oder Frisörin?
Keine Frage: Hair-Stylistin.

Bisher hieß es Maniküre,
nun macht´s die Nageldesignerin.

Die gute alte Klofrau ist gegangen,
für sie kam die Hygiene-Fachkraft.

Trotz aufgemotzter Titel
nicht einmal der Mindestlohn.

Manager gibt es heute wie Sand am Meer.
Facility Manager ist einfach der Hausmeister.
Und der Event-Manager macht
die Erste Heilige Kommunion zum Happening
und die Scheidungsparty zum rauschenden Fest.

ANGEBEN

Mit 17 gab ich an:
Ich bin fast zwanzig.

Mit 37 gab ich an:
Ich bin Mitte dreißig.

Mit 57 gab ich an:
Ich bin gut fünfzig.

Mit 77 gebe ich an:
Ich bin fast zwanzig
mal vier.

Angabe ist auch eine Gabe.

*Karl Lagerfeld gab sein Alter immer
fünf Jahre jünger an als er wirklich war.
Aus seinem Geburtsjahr 1933 wurde 1938 gemacht.
An keiner Grenze wird mehr geschmuggelt
als an der Altersgrenze.*

Normal verrückt

Besser einen Sprung in der Schüssel
als nicht alle Tassen im Schrank.

Lieber eine Schraube locker
als ein Rad ab.

Besser ein paar Rosinen im Kopf.
als eine Meise.

Lieber nicht ganz dicht
als inkontinent.

Besser normal verrückt
als ganz normal.

Irre! Wir behandeln die Falschen.

Manfred Lütz, ein normaler Psychiater

Und immer noch mehr

Und immer noch mehr Autos
Und immer noch mehr Batterien
Und immer noch mehr CO_2
Und immer noch mehr Dreck
Und immer noch mehr Erderwärmung
Und immer noch mehr Flüge
Und immer noch mehr Geldgier
Und immer noch mehr Hochhäuser
Und immer noch mehr Internet
Und immer noch mehr Jachten
Und immer noch mehr Kreuzfahrten
Und immer noch mehr Laster
Und immer noch mehr Müll
Und immer noch mehr Nullen
Und immer noch mehr Opfer
Und immer noch mehr Plastik
Und immer noch mehr Quote
Und immer noch mehr Rüstung
Und immer noch mehr Smog
Und immer noch mehr Tablets
Und immer noch mehr Umweltschäden
Und immer noch mehr Verkehr
Und immer noch mehr Wachstum
Und immer noch mehr Zerstörung

Und immer noch weniger Hoffnung,
dass wir noch zu retten sind.

Flugscham: Ob das Wort etwas bewirkt?

DENK-ZETTEL

Es trifft die anderen.
Die anderen denken das auch.
Das ist unser aller Denkfehler.

Blaulicht, Martinshorn.
Hoffentlich nicht ...
Die anderen denken das auch.

Plötzlich sind wir die anderen
und bekommen einen Denkzettel.
Ein Unglück, ein Unfall.

Erst dann fangen wir an
nachzudenken über das,
woran wir nie gedacht haben.

Ohne Zettel
am großen Zeh
ist jeder Tag
ein guter Tag.

GUT FRAGEN, VIEL WISSEN

Warum?
Warum nicht?

Warum ich?
Warum nicht ich?

Warum jetzt?
Warum nicht jetzt?

Warum nicht
ich jetzt?

Krankenhäuser, Reha-Zentren, Altersheime,
Hospize, Friedhöfe sind nicht nur für andere da.

TRAU DICH

Aus Selbstvertrauen
wächst Vertrauen.

Trau dich anders zu sein
als die anderen.

Trau dich
dir selbst treu zu bleiben.

Trau dich zu tun,
wovor du Angst hast.

Trau dem Leben,
es ist dir anvertraut.

Sobald du dir selbst vertraust,
weißt du zu leben.

Johann Wolfgang von Goethe

HIN UND WIEDER

Meine Katze
tröstet mich.

Mein Hund
versteht mich.

Meine Pflanzen
mögen mich.

Doch hin und wieder
brauche ich einen Menschen,
der mich in die Arme nimmt.

Von all den Artisten,
die sich selbst auf den Arm nehmen,
hat es bisher noch keiner geschafft,
sich selbst in den Arm zu nehmen.

MEIN LEBENSFADEN

Jeden Morgen
greife ich den Faden
wieder auf.

Von Tag zu Tag
spinne ich weiter,
so gut ich kann.

Manchmal
verliere ich den Faden
und suche einen neuen.

Doch dann finde ich ihn
schön eingefädelt wieder –
meinen Lebensfaden.

Der rote Faden deines Lebens
trägt die Farbe der Liebe.

SO EINER BIN ICH

Ich brauche einen
nur zu sehen –
und schon weiß ich:
Das ist so einer.

Ich brauche einen
nur zu hören –
und schon weiß ich:
So einer ist das.

Ich brauche einen
nur anzusprechen –
und schon weiß er:
Das ist auch so einer.

Wenn ich mit jemandem spreche,
spüre ich gleich, was er denkt:
Das ist auch so einer.

Ein katholischer Priester

STARKE SCHWÄCHE

Ich mag Menschen,
die stark sind
und ich liebe Menschen,
die eine Schwäche haben
für mich.

Ich mag Menschen,
die mich mögen
und ich liebe Menschen,
die so sind wie ich
sie haben möchte.

Ich habe Menschen gern,
die mich gern haben,
und wer mich nicht gern hat,
kann mich gefälligst
gern haben.

Ich bin wie ich bin.
Die einen kennen mich,
die anderen können mich.

Konrad Adenauer

HEUTE

Morgen,
kommende Woche,
nächstes Jahr vielleicht.

Irgendwann
möchte ich anfangen
aufzuhören.

Heute fange ich an,
meinen guten Vorsatz
in die Tat umzusetzen.

Und schon merke ich,
wie tief die Gewohnheit
in mir wohnt.

Ohne mein Bierchen
fehlt mir etwas –
Alkohol.

Ohne mein Handy
fühle ich mich
verloren.

Fange nie an
aufzuhören
und höre nie auf
anzufangen
bei dir selbst.

DEIN WEG

Wie konnte ich nur ...
Wäre ich damals doch ...
Hätte ich nur nicht ...

Du kannst den Weg,
den du gegangen bist,
nicht rückgängig machen.

Kein Mensch auf der Welt
kann seinen Weg gehen,
ohne Fehltritte zu begehen.

Geh du den Weg weiter,
den nur du gehen kannst.
Es ist dein Weg zu dir.

Und bist du dann
bei dir angekommen,
hast du dein Ziel erreicht.

Lass die Leute reden
und die Vögel pfeifen.
Dein Weg ist dein Weg.
Und bist du ihn
dann zu Ende gegangen,
lautet dein letztes Lied:
I did it my way.

DIE ZAHL ZÄHLT

Fünfundsechzig
ist für uns gut fünfzig.
Nicht mehr jung,
aber noch nicht alt.

Wir sind so alt,
wie wir uns fühlen
und sind so alle älter
als wir uns fühlen.

Bei jedem Geburtstag
sind auch wir wieder
ein Jahr älter geworden.
Die Zahl zählt.

Auch wenn wir
heute anders zählen
und die 70 bis 80 Jährigen
die „jungen Alten" sind.

Herr, lehre uns unsere Tage zählen,
damit wir ein weises Herz gewinnen.

Psalm 90

Anti-Aging

Botox, Protox,
Bienenwachs,
Kokosöl.

Straffen, streichen,
glätten, kneten, liften,
pressen, operieren.

Am Bauch, am Po
und sonst noch wo
Dellen-Desaster.

Orangenhaut.
Altern ist unser Los.
Alternativlos.

Die Alternative:
Ab 50 jedes Jahr ein Jahr jünger werden.
So bekämen wir immer weniger Falten
und wären gegen Ende wieder Babys,
wie wir es zum Schluss auch sind.
Kein Ende ohne Schluss.

MUTTI

Mutti, an deinen Händen
bin ich die ersten Schritte
ins Leben gegangen.

Nun begleite ich dich
aus dem Leben.

Ich wasche dich,
ich füttere dich,
ich streichele dich.

Du bist nun
mein Baby.

Muttilein,
du weißt nicht mehr,
dass ich dein Kind bin.

Doch ich
weiß sehr wohl,
dass du meine Mama bist.

Eltern tragen Kinder durch den Morgen.
Kinder tragen Eltern durch den Abend.

Sprichwort

DIESER SATZ

Bei jedem Geburtstag
bekomme ich
seit dreißig, vierzig Jahren
den gleichen Satz zu hören:
Das ist doch noch kein Alter.

Ich frage mich,
wann fängt das Alter an.
Bei vielen Beerdigungen
habe ich schon den Satz gehört:
Das ist doch noch kein Alter.

Und liege ich dann im Sarg,
muss ich Gott sei Dank
nicht mehr den Satz hören,
den ich noch nie hören konnte:
Das ist doch noch kein Alter.

61 – 75 Jahre: ältere Menschen
76 – 90 Jahre: alte Menschen oder Hochbetagte
Ab 91 Jahren: sehr alte Menschen oder Höchstbetagte

Die Weltgesundheitsorganisation (WHO)

TICK TACK

Wir haben Digitaluhren,
können das Ticken
nicht mehr hören.

Wir wissen genau,
wie viel Uhr es ist,
aber wie spät ist es?

Wir tragen teure Uhren,
haben aber keine Zeit
für eine kurze Pause.

Wir rennen gegen die Uhr
hinter der Zeit her,
bis uns die Stunde schlägt.

In dem Augenblick
bleibt die Zeit stehen –
manchmal auch die Uhr.

Und die Hinterbliebenen
ticken nicht mehr so
wie vorher.

Die Uhr ist abgelaufen.
Früher sagte man:
Der Sand ist verronnen.

PROST

Prostata
fängt mit Prost an.
Mit der Zeit fängt sie an
zu tröpfeln.

Der Strahl streikt.
Meine Urologin sagt mir,
dass ich viel trinken soll:
Prost Prostata.

Proktologen
fangen gleich hinten an.
Vorher trinke ich mir
jedes Mal Mut an.

Hose runter, Beine hoch.
Und schon treibt´s
den Getriebenen gekonnt
in die Höhle hinein.

Seine Berufung fängt
praktisch mit der Liebe
zu den Arschlöchern an.
Prost Proktologe.

Der Proktologe
beschäftigt sich mit dem Analkanal,
ein Kanalarbeiter.

KOMMEN UND GEHEN

Lebenslange Ehe.
Ein Auslaufmodel.

Lebensabschnittspartner
gehen mit der Zeit.

Tagesabschlusspartner
kommen und gehen.

Doch die Sehnsucht
vergeht nicht.

Bis einer kommt,
der nicht mehr geht.

Es gibt nichts Schöneres
als geliebt zu werden,
geliebt um seiner selbst willen
oder vielmehr trotz seiner selbst.

Victor Hugo

LÄNGER, KÜRZER

Wir leben immer länger,
aber alles ist so kurzlebig.

Flüchtige Beziehungen,
rasch verflogen.

Heute noch hoch gelobt,
morgen tief gefallen.

Der Haltbarkeitswert
verfällt immer schneller.

Das Verfallsdatum
wird immer kürzer.

Um so lauter der Ruf
nach Nachhaltigkeit.

Sogar auf dem Friedhof
wird die Liegezeit immer kürzer,
die Laufzeit läuft immer schneller ab.
30 – 20 – 15 – 12 Jahre für die ewige Ruhe.

FLACH

Beauty, Fitness.
Wellness.
Bikini-Body.

Alles dreht sich
um die Oberfläche,
so flach wie das Tablett.

Selfies.
Sich in Szene setzen.
Gut aussehen.

Die äußere Erscheinung
scheint wichtiger
als die inneren Werte.

– Itzig, warum hast du eine so hässliche Frau genommen?
– Weißt du: Innerlich ist sie schön.
– Nu – lass sie wenden!

Jüdischer Witz

Fortschritt, der sogenannte

Wir bekommen alles
am Automaten.
Automatisch fehlt uns etwas.

Das Menschliche.

Wir rennen, rasen, reisen
im Hochgeschwindigkeitszug,
aber eines bleibt auf der Strecke.

Das Zwischenmenschliche.

Durch den Fortschritt
kommen wir immer weiter,
immer noch weiter.

Vom Menschen weg.

Die Nazis haben Kinder
mit Down-Syndrom ermordet.
Heute werden sie nicht mehr geboren,
vorher schon aussortiert.

DAS KIND IN UNS

Sind wir auch schon lang erwachsen,
das Kind von einst lebt weiter in uns.

Unsere nicht erfüllten Kinderträume
lassen uns weiter träumen.

Glauben wir auch nicht mehr an Gott,
dann und wann betet das Kind in uns.

Manchmal könnte man meinen,
wir sind noch Riesen-Babys.

Zuweilen weint das Kind in uns,
weil es sich verletzt fühlt.

Und immer noch können wir
nicht genug Liebe bekommen.

Auch Opa und Oma möchten
stets noch gestreichelt werden.

Haribo macht Kinder froh
und Erwachsene ebenso.

WO SIND SIE GEBLIEBEN?

Alt sagt man nicht.
Älter klingt milder,
ist aber älter als alt.

Das dritte Drittel.
Teeny Spätlese.
Graue Panther.

Sag mir,
wo die Alten sind,
wo sind sie geblieben?

Seniorenclub –
nur ein sanfteres Wort
für Altennachmittag.

Die richtig Alten
residieren gepflegt
in der Seniorenresidenz.

Aber in der Villa am Brunnen
riecht es auch nicht besser
als im Alten- und Pflegeheim.

Für die neue Senioreneinrichtung wird ein Name gesucht.
Das Wort „Heim" darf darin nicht vorkommen.

DICHTUNG

Wir gehen am Stock,
schieben den Rollator,
sitzen im Rollstuhl,
liegen im Pflegebett –
über uns der Galgen.

Schritt für Schritt,
unausweichliche Fortschritte.
Die gute alte Oma-Windel
wird zum weichen Seni-Slip,
Seni-Slip super plus.

Früher holten wir
die Dichtungen bei Hornbach.
Heute sind wir nicht mehr dicht,
fangen an zu dichten.
Ehret die Alten, eh' sie erkalten.

Ehret die Alten,
denn sie sind, was ihr werdet:
Ötzis, Gruftis, Kompostis.
Und sie waren, was ihr seid:
Teenies, Twenties, Fuffies.

GESCHICKT

Mit dem Geschick
geschickt umgehen,
sein Schicksal meistern.

Aus Zitrone
Limonade machen,
aus allem das Beste.

Sich im Schatten sonnen,
das Kreuz auch
als Pluszeichen sehen.

Dornen
können Rosen tragen,
Tränen trösten.

Aus der Wunde
wächst das Wunder
der Verwandlung.

Habe dein Schicksal lieb,
denn es ist der Weg Gottes
mit deiner Seele.

Fjodor Dostojewski

VERGEBEN

Wer vergibt,
vergisst nicht
das ihm zugefügte Leid.

Wer vergibt,
verzichtet auf Vergeltung,
zahlt nicht heim.

Wer vergibt,
trägt die Schuld nicht nach,
lässt es gut sein.

Wer nicht vergibt,
vergibt eine Chance.
Vielleicht für immer vergeben.

So manches lässt sich
nur ganz schwer vergeben
und gar nicht wiedergutmachen.
Vergebungsbereitschaft ist der erste Schritt
auf dem langen Weg des Verzeihens.

BIO LOGISCH

Sie ernähren sich
von Schrot und Korn,
Müsli und Möhren,
alles natürlich bio
logisch.

Die Küchenreste
und Gartenabfälle
auf dem Komposthaufen,
alles natürlich bio
logisch.

Die eigenen Überreste
unter einem Baum,
zurück zu den Wurzeln,
die Urne natürlich bio
logisch.

In den biologisch abbaubaren Urnen
sind die Mineralstoffe der Asche
die Nahrung für den Baum.
Natürlich. Logo.

UNHEILBAR GESUND

Bei jeder Gelegenheit
wünschen wir uns:
Gesund bleiben.

Bleiben wir gesund,
sterben wir gesund,
unheilbar gesund.

Tot umfallen,
im Schlaf entschlafen,
nichts mitbekommen.

Ein schöner Tod.
Der reinste Horror
für die Hinterbliebenen.

Wie möchten Sie sterben?
Plötzlich, aber noch lange nicht,
antworten 43 Prozent der Befragten.
Und die übrigen: Gar nicht.

SORGEN LOS

Vor der Sorge
schon vorsorgen.

Altersvorsorge.
Krebsvorsorge.

Nach der Sorge
noch nachsorgen.

Nach wie vor
sich sorgen.

Sterbevorsorge.
Bestattungsvorsorge.

Ohne Sorgen
sorgfältig entsorgt.

Guten Morgen, liebe Sorgen, seid ihr auch schon alle da?
Habt ihr auch so gut geschlafen, na dann ist ja alles klar!

Jürgen von der Lippe

DIE SCHROTTKISTE

Rostflecken.
Der Lack ist ab.
Der Auspuff stottert.
Das Kühlwasser tropft.
Die Zündkerze entzündet.
Schönen Gruß vom Getriebe.
Der Klapperkasten kratzt die Kurve,
schafft gerade noch die letzte Ausfahrt
und so landet die Schrottkiste
in der Blechbüchse.

Ich blinke nicht,
weil es euch gar nichts angeht,
wohin ich fahre.

Ein ziemlich abgefahrener Typ
in seiner Todesanzeige

DER ZAHN DER ZEIT

Brücken. Implantate. Gebiss.
Täglich zeigen wir einander
unseren teuren Porzellanladen
und beißen uns tapfer durch.

Wir überbrücken die Lücken,
übertünchen die Falten,
ein implantiertes Lächeln
im Gesicht.

Sogar im Sarg sehen wir
noch ansehnlich aus,
eine schöne Leiche
mit Gold im Mund.

Ins Gras zu beißen
macht auch mit gesunden Zähnen
keinen Spaß.

ABER ICH DOCH NICHT

Alle Menschen
müssen sterben.

Nur ich nicht,
denke ich.

Das haben die Toten
auch einmal gedacht.

Jeder Mensch ist fähig,
einen anderen zu töten.

Aber ich doch nicht,
denke ich.

Das haben die Täter
auch einmal gedacht.

„Wie oft bin ich auf der Autobahn am Hohenasperg vorbeigefahren. Mir wäre nicht einmal im Traum eingefallen, dass ich eines Tages da oben im Gefängnis sitzen würde, dass ich mit meinen Händen einen Menschen umgebracht hätte."

DIE FRAGE

Ungefragt wurden wir
auf die Bühne gestellt.
Ohne gefragt zu werden,
müssen wir wieder abtreten.

Warum erst leben,
um danach zu sterben?
Wozu?
Worin liegt der Sinn?

Das Leben stellt
jedem die Letztfrage:
Was ist der Sinn
deines Daseins?

Du, dein Leben
hat schon seinen Sinn,
wenn auch nur einer sagt:
Gut, dass du da bist.

Das will ich mir schreiben in Herz und Sinn:
Dass ich nicht für mich hier auf Erden bin,
dass ich die Liebe, von der ich lebe,
liebend an andere weitergebe.

Unbekannt

PROBE WEISE

Tot sein ausprobieren.
Sich in den Sarg legen
und Probe liegen.

Und danach aufstehen.
Auferstehung ausprobieren.
Probieren geht über studieren.

Doch die Probe aufs Exempel
machen wir erst
nach der Probezeit.

Erst dann erfahren wir,
ob nach Karfreitag
Ostern kommt.

Schaun mer mal,
dann sehn mer schon.

Franz Beckenbauer

WAS PASSIERT?

Was passiert,
wenn wir sterben?

Läuft dann der Film
unseres Lebens ab?

Sehen wir das Licht
am Ende des Tunnels?

Gehen uns die Augen auf
im letzten Augenblick?

Vielleicht ergeht es uns
wie einst Karl Valentin.

„Mein Leben lang
habe ich Angst gehabt.
Und jetzt das!"

Menschen mit Nahtoderfahrung
haben keine Angst mehr vor dem Tod,
ganz im Gegenteil:
„Das Schönste am Leben ist sterben."

ALLER ENDE ANFANG

Alles fängt mit A an,
was uns im Alter begegnet.
und uns ans Ende erinnert.

Alzheimer, Arthrose, Arthritis,
Alterszucker, Angina, Atemnot,
Ableben, Abtreten, Abgang,
Abreise, Abschied, Ade,
Adieu, Arrivederci,
Asche, Aus.
Amen.

Wer A sagt muss auch B sagen:
Beerdigung, Beisetzung, Bestattung.

NICHT GUT GENUG

Die Todesanzeigen sind voll
von treusorgenden Vätern,
herzensguten Müttern,
allseits beliebten Menschen.

Wenn der Herrgott immer
nur die Besten zu sich ruft,
wen wundert´s da noch,
dass die Welt so schlecht ist!?

Und weil unsere Todesanzeige
noch nicht in der Zeitung stand,
ist das wohl auch ein Zeichen,
dass wir nicht gut genug sind.

Nur Mut!
Nach dem Tod werden wir besser.
Der tote Chef war ein guter Chef.
Viele Toten sind die besten der Familie.
Und auch die Heiligen sind es erst nachher geworden.

DAS BUCH

Kein Roman,
kein Märchen, keine Story,
eine wahre Geschichte
aus Fleisch und Blut.

Jeden Tag schreiben wir
eine neue Seite
im vielseitigen Buch
unseres Lebens.

Doch wir sind nicht
die alleinigen Autoren.
Das Schicksal schreibt mit.
Oder ist es die Vorsehung?

Früher oder später
nimmt Freund Hein uns
mit einem Lächeln auf den Lippen
die Feder aus der Hand.

Die Buchdeckel
endgültig zugeklappt,
immer die gleiche Geschichte
und doch jede einzelne ganz anders.

LEBEN rückwärts NEBEL.
Langsam blicke ich durch,
lese das Buch meines Lebens,
nur der Titel ist noch offen.

KURZ GEFASST

Von Geburt bis zum Tod
auf einer Seite,
der Lebenslauf.

Was nicht gelaufen ist
und auch daneben ging,
wird liebevoll umgangen.

Ein ganzes Leben
auf ein paar Seiten
der Traueransprache.

Gott sei Dank
nimmt der Pfarrer
ein Blatt vor den Mund.

Ein langes Leben
in wenigen Zeilen
in der Todesanzeige.

Die Kurzfassung.
Nicht zu fassen.
Wir sind fassungslos.

Und dann auf dem Grab der Name,
zwei Jahreszahlen,
die das Leben kurz fassen.

IN DER TASCHE

Der Friedhof
im Wohnzimmer.
Digitale Grabsteine.

Elektronische Kerzen.
Virtuelle Tränen.
Online Gebete.

Das Trauerportal.
Auch als App.
Die Toten in der Tasche.

Eines Tages
steckt der Tod
uns in die Tasche.

Tatsache.
Nicht virtuell.
Wirklich wahr.

Das Totenhemd
hat keine Taschen.
Nackte Tatsache.

Faktencheck:
Allem medizinischen Fortschritt zum Trotz beträgt
die Todesrate de facto immer noch hundert Prozent.

MEMENTO MORI

Ein Gang zu den Gräbern
verbindet uns noch Lebende
mit den schon Verstorbenen.
Wir sind Vorübergehende.

Krebs, Unfall, Herzinfarkt ...
Todesursachen gibt es viele.
Doch die wahre Ur-Sache:
Wir sind vergänglich.

Unsere Vorgänger haben
bereits hinter sich,
was wir Nachkommen
noch vor uns haben.

Jedes Grab ein Denkmal.
Denk mal:
Lebe endlich!
Heute ist der Tag!

Memento mori.
Moment mal.
Eines Tages sterben wir.
An allen anderen nicht.

NACH WIE VORWORT

Der Tod muss abgeschafft werden,
diese verdammte Schweinerei muss aufhören.
Wer ein Wort des Trostes spricht,
ist ein Verräter.

Wandspruch

Der Tod wird als Feind gesehen, der mit allen möglichen Mitteln bis zum letzten Atemzug bekämpft werden muss – der Todfeind eben. Auch Mediziner möchten den Tod am liebsten abschaffen. Aber wenn wir immer weiter leben würden, hätten wir mit der Zeit das Leben satt. Alles würde sich unendlich wiederholen. Jeder neue Tag wäre eine Qual. Am Ende würden wir uns das Leben nehmen, um uns selbst zu erlösen. Oder wir würden uns vorher gegenseitig umbringen.

Mag ich auch ein Verräter sein: Es ist tröstlich, dass unser Leben ein Ende hat. Das Bewusstsein unserer Endlichkeit lehrt uns endlich zu leben. Heute ist der Tag, jetzt der Moment. Jeden Augenblick intensiv erleben: Aufmerksam, dankbar, bewusst.

Ich habe in letzter Zeit vier Freunde verloren: Jupp, Ernst, Martin, Hans Dieter. Bei jedem von ihnen war es am Ende gut, dass sie sterben durften. Der Tod kam als Freund zu ihnen und hat sie erlöst von ihrem Leiden. Und so möchte ich mich auch rechtzeitig mit Freund Hein anfreunden und dem Tod gelassen entgegengehen.

Nein, wir werden nicht geboren, um zu sterben, sondern, um unser Leben zu leben, unseren Weg zu gehen. Den Weg, den ich gehe, kann nur ich gehen. Das Buch, das ich schreibe, kann nur ich schreiben. Und nur die Liebe kann in unserem Lebensbuch auch auf krummen Zeilen gerade schreiben.

So können wir trotz allem, was da schief gelaufen ist, unser vergängliches Leben annehmen – wenn auch mit einem Seufzer: „Ach Ja". Aber das ist immer noch besser als „Ach Nein". Einfach Ja sagen, das fällt uns schwer. Wir haben immer ein Aber auf Lager. „Die ist schon nett, aber ihre Stimme." – „Er liebt mich, aber ich empfinde nichts für ihn." – „Ich glaube zwar nicht an Gott, aber ich vermisse ihn." – „Es war eine Erlösung. Aber dass ich sie nie mehr sehe, niemals mehr." – „Schon schön, dass wir immer älter werden, aber der Preis ist so hoch." – „Das Leben ist eines der härtesten und endet meistens mit dem Tod."

Gerade weil wir sterben müssen ist das Leben schön. Ja, aber Nein doch. Übrigens: Sterben ist gar nicht schwer. Wir können es gleich beim ersten Mal. Und bisher haben es alle geschafft. Nein aber, Ja doch.

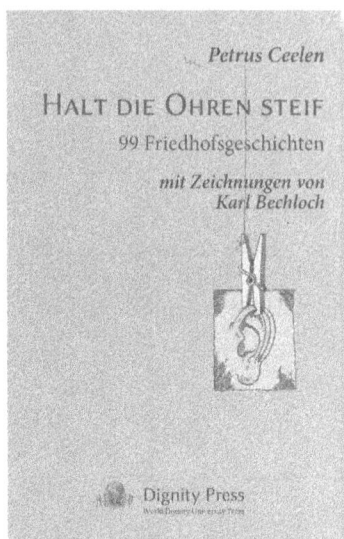

Petrus Ceelen

HALT DIE OHREN STEIF

99 Friedhofsgeschichten

mit Zeichnungen von
Karl Bechloch

Dignity Press
World Dignity University Press

ISBN 978-1-937570-47-7

Petrus Ceelen

NUR DER TITEL FEHLT NOCH

Mein letztes Buch!?

mit Zeichnungen von
Karl Bechloch

Dignity Press
World Dignity University Press

ISBN 978-1-937570-86-8

Petrus Ceelen

MEHR ALS DU DENKST

77 Namensgeschichten

mit Zeichnungen von
Karl Bechloch

Dignity Press
World Dignity University Press

ISBN 978-1-937570-56-9

Petrus Ceelen

VERWUNDET VERNARBT VERWANDELT

MIT VERLETZUNGEN LEBEN

Dignity Press
World Dignity University Press

ISBN 978-1-937370-88-0

Dignity Press
WORLD DIGNITY UNIVERSITY PRESS

Bücher von Petrus Ceelen bei Dignity Press
sind erhältlich im Buchhandel oder über
www.dignitypress.org

Am Rand –
mitten unter uns

Petrus Ceelen
Mein Lebensbuch

ISBN 978-1-937570-73-6

www.ingramcontent.com/pod-product-compliance
Lightning Source LLC
Chambersburg PA
CBHW072354090426
42741CB00012B/3033